AF503433

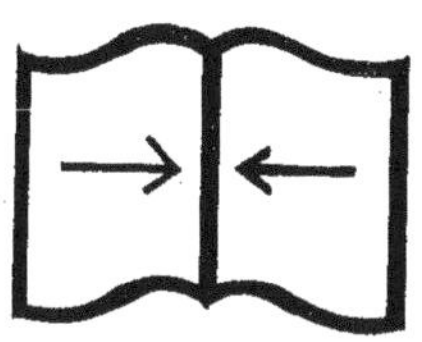

RELIURE SERREE
Absence de marges
intérieures

Contraste insuffisant
NF Z 43-120-14

Flisibilité partielle

Valable pour tout ou partie
du document réproduit

Couverture inférieure manquante

LE
CARTULAIRE DE REDON.

RÉPONSE

A QUELQUES CRITIQUES DE M. DE COURSON,

PAR

A. DE LA BORDERIE.

(Extrait de la Revue de Bretagne et de Vendée.)

NANTES,
IMPRIMERIE DE VINCENT FOREST & EMILE GRIMAUD,
Place du Commerce, 1.

PARIS,
AUGUSTE AUBRY, LIBRAIRE,
Rue Dauphine, 16.

1863.

BIBLIOTHÈQUE NATIONALE
DON
DELISLE GORNOUF
N°.
IMPRIMÉS

LE
CARTULAIRE DE REDON.

RÉPONSE

A QUELQUES CRITIQUES DE M. DE COURSON,

PAR

A. DE LA BORDERIE.

(Extrait de la Revue de Bretagne et de Vendée.)

NANTES,

IMPRIMERIE DE VINCENT FOREST ET ÉMILE GRIMAUD,

PLACE DU COMMERCE, 1.

1863.

LE CARTULAIRE DE REDON.

—

BIBLIOTHÈQUE NATIONALE — DON — IMPRIMÉS

RÉPONSE A QUELQUES CRITIQUES DE M. DE COURSON.

—

Le cartulaire original de l'abbaye de Redon est un fort beau manuscrit des XIe et XIIe siècles, appartenant aujourd'hui à Mgr l'archevêque de Rennes, et qui ne contient guère moins de 400 actes, les trois quarts environ du IXe siècle, le reste du XIe et du XIIe. Il y a trois mois, ce précieux document n'était encore connu du public que par les extraits, relativement peu nombreux, imprimés au dernier siècle dans les recueils de D. Lobineau et de D. Morice.

Aussi y a-t-il déjà plus de quinze ans que la publication complète en fut résolue par le Comité ministériel des travaux historiques, et confiée à M. Aurélien de Courson. L'importance de ce texte faisait de cette publication, on peut le dire, une nécessité pour tous les hommes qui s'occupent sérieusement d'histoire de Bretagne. Tous l'attendaient avec impatience; nous sommes donc heureux de pouvoir leur annoncer le terme de leur attente.

Le Cartulaire de Redon vient de paraître à l'imprimerie impériale, dans la Collection des Documents inédits de l'histoire de France, sous la forme d'un volume in-quarto, ainsi divisé : texte du Cartulaire et de son appendice occupant 410 pages; — ancienne notice historique sur l'abbaye de Redon et collection de documents sur les pouillés des neuf diocèses de Bretagne, 172 pages; — index, errata, table générale, 180 pages, — soit 762 pages numérotées en chiffres arabes; — plus, en tête, l'introduction de l'éditeur (avant-propos, prolégomènes et éclaircissements) qui ne forment pas moins de 408 pages chiffrées en romain, autant que le texte du Cartulaire et de son appendice. Tout cela, sauf erreur, fait ensemble onze cent soixante-dix pages, c'est à dire un volume des plus dodus et des plus respectables par sa masse.

Il n'est pas respectable rien que par sa masse. Trois cents chartes du IXe siècle, qui seules à peu près nous font connaître les mœurs et les institutions si originales des Bretons de ce temps, c'est un trésor véritable, et bien peu de provinces en ont un pareil. Puis, l'étendue seule des prolégomènes indique un travail considérable. Enfin l'Académie des Inscriptions, en accordant récemment au docte éditeur le grand prix Gobert, a spécialement signalé sa publication à l'attention des savants.

Cette distinction si honorable, — on nous permettra de le dire — nous nous en applaudissons doublement, et pour celui qui l'a reçue et pour nous-mêmes. — En effet, M. de Courson ne se borne pas, dans ses prolégomènes, à commenter et élucider le Cartulaire de Redon (il y a même des gens qui regrettent de ne le pas voir plus à fond exploiter cette riche mine); en dehors du Cartulaire, il s'occupe beaucoup aussi de cette classe de questions ardues et intéressantes comprises sous le nom d'origines bretonnes, qui ont fait depuis plus de quinze ans l'objet de nos propres études. Or, sur presque tous les points de ces questions controversées, nous avons eu la joie de voir que M. de Courson embrasse les opinions énoncées, démontrées et soutenues par nous antérieurement, soit dans les congrès et dans les *Bulletins* de l'Association bretonne, soit dans nos articles de la *Revue de Bretagne* et de la *Biographie bretonne,* soit dans l'*Annuaire historique de Bretagne* (de 1861), ou dans quelques autres travaux publiés séparément depuis une quinzaine d'années. Puis donc que l'Académie vient d'autoriser ces opinions par son suffrage, ne semble-t-il pas que nous ayons le droit de prendre modestement, dans notre petit coin, une petite part de ce triomphe?

Toutefois, bien que la plupart du temps, en ce qui touche les origines bretonnes, le savant éditeur du Cartulaire nous fasse l'honneur d'embrasser nos thèsès, de résumer nos arguments, de citer et de reproduire fidèlement les textes invoqués par nous, — nous devons avouer qu'en diverses occasions, où il a cru nous trouver en faute, il a noté soigneusement, comme c'était son droit, les divergences qui le séparent de nous. En face de l'autorité acquise à son livre et par sa science personnelle et par le suffrage de l'Institut, on conçoit que nous éprouvions le besoin de répondre à ses critiques. Pourtant nous ferions sans peine céder ce besoin au désir de parler longuement de son livre, si l'une au moins de ces critiques ne touchait à un point que nous avons toujours tenu pour fondamental dans l'histoire des origines brétonnes, et auquel nous avons voué nos premières et nos plus constantes études, nous voulons dire, à la date des premiers établissements des Bretons insulaires dans la péninsule armoricaine.

On sait que, sur ce point, deux opinions principales ont été pendant longtemps en présence : — l'une, suivant laquelle le tyran Maxime, sorti de l'île de Bretagne avec l'armée qui lui conquit l'empire d'Occident, aurait, en 383, récompensé les insulaires, venus à sa suite par le don de grands territoires en Armorique, où ces Bretons, après la chute de leur bienfaiteur, seraient parvenus à se maintenir indépendants sous un roi de leur race appelé Conan Mériadec ; — l'autre, au contraire, qui ne voit dans le passage des Bretons en Armorique qu'une suite de l'invasion des Anglo-Saxons dans la Grande-Bretagne, et ne place par conséquent le commencement de ces émigrations qu'après les commencements de l'invasion, c'est à dire de 455 à 460.

Il y a ici, je l'ai déjà dit ailleurs, plus qu'une différence de dates : il y a une différence capitale dans le caractère attribué au fondement même de notre histoire provinciale. Dans le premier de ces systèmes, la colonisation de notre pays par les Bretons est, quoi qu'on fasse, une conquête ; dans l'autre, c'est un établissement pacifique. Sans parler d'autres considérations que j'ai indiquées ailleurs plus d'une fois [1], celle-là est, ce semble, assez grave

---

[1] Voir, entre autres, *Revue de Bretagne et de Vendée*, t. VIII, p. 419 et 420.

pour justifier l'importance que j'ai toujours attachée à cette controverse.

Dans cette controverse j'ai toujours et résolûment tenu pour la dernière opinion et la dernière date (455-460) contre la la première, contre Conan Mériadec, contre tout établissement des Bretons de Maxime en 383, — et j'ai la joie de voir qu'aujourd'hui, parmi les auteurs sérieux, personne ne soutient plus ce fabuleux système.

Mais voici qu'entre ces deux opinions, M. de Courson en veut élever une troisième, qui ferait remonter le commencement des émigrations bretonnes en Armorique à une trentaine d'années avant le début de l'invasion saxonne, en leur assignant pour cause les ravages commis dans la Bretagne romaine par les Pictes et les Scots.

M. de Courson affirme de plus que cette opinion ne lui est point nouvelle, et que c'était déjà sa thèse, il y a vingt ans, contre M. Varin.

Enfin il insinue assez clairement qu'après les savantes dissertations (encore inédites) de dom Le Gallois contre Conan Mériadec et le prétendu établissement de 383, la longue polémique soutenue par moi à ce sujet était assez superflue [1].

Nous allons examiner ces trois points.

I.

« Je ne crois pas, avec M. de la Borderie (dit M. de Courson), que » les premières émigrations datent seulement de 465 ; plusieurs » avaient eu lieu antérieurement, et c'est là l'opinion de dom Le » Gallois [2]. » Suit un extrait des mémoires inédits de dom Le Gallois, où on lit :

« Pour réduire à une juste chronologie toute l'histoire de la » transmigration des Bretons, il faut se souvenir que, dès l'an

1 Cartulaire de Redon, p. CCCXLIII.
2 Mort en 1695.

» 418, les Romains établis dans la Grande-Bretagne, appréhendant
» les menaces et la fureur des Pictes, abandonnèrent l'île et se
» retirèrent dans les Gaules, et qu'*il y a tout sujet de croire* que
» plusieurs Bretons les accompagnèrent dans leur retraite et
» vinrent dès-lors en Armorique..... *On ne peut encore s'empêcher
» de croire* que plusieurs familles abandonnèrent aussi leur pays
» lorsque, la légion que l'empereur Honorius y avait envoyée
» l'an 422 s'en étant retirée, les Pictes firent[1] un dégât épouvan-
» table dans les provinces du nord, tuant impitoyablement ceux
» qui résistaient..... — Les Pictes revinrent encore l'an 431, ren-
» versèrent le mur de pierre qu'une autre légion romaine avait fait
» bâtir, et s'emparèrent d'une grande partie du pays des Bretons.
» On ne compte pas ordinairement cette époque pour une de celles
» du passage des Bretons dans l'Armorique; mais *il n'y a pas lieu
» de douter* qu'un très-grand nombre d'habitants n'y soit venu dans
» ce temps-là, puisque, *selon Gildas*, plusieurs s'embarquèrent pour
» passer au-delà de la mer..... Selon ces conjectures, ou *plutôt selon
» ces preuves*, des troupes de Bretons septentrionaux, c'est-à-dire
» des Otadènes, des Horestes, etc., furent les premiers qui vinrent
» dans l'Armorique. Ce furent les inhumanités des Pictes et des Scots,
» la famine et la peste, qui les chassèrent à différentes reprises
» avant que les Saxons, Angles et Jutes, fussent venus dans l'île[2]. »

M. de Courson n'ajoute rien, d'ailleurs, aux arguments de dom
Le Gallois.

Je connaissais depuis longtemps ce passage, je ne m'y étais pas
arrêté, voici pourquoi. Quant aux émigrations prétendues de 418 et
de 424, dom Le Gallois lui-même les avoue purement conjecturales
par les formes mêmes de son langage : *Il y a tout sujet de croire ;
on ne peut s'empêcher de croire*. Il serait aisé de fournir des
conjectures différentes, tout aussi croyables et vraisemblables.

L'émigration mise par D. Le Gallois sous l'an 431 serait assurément mieux appuyée, et nous n'hésiterions pas à l'admettre, si
Gildas, à cette occasion, nous disait effectivement que « plusieurs

---

[1] En 424, selon les mémoires manuscrits de dom Le Gallois.

[2] *Ibid.*, pp. CCCXLIII et CCCXLIV, et *Blancs-Manteaux*, vol. XLIV, pp. 190-191.

Bretons insulaires s'embarquèrent alors pour passer au-delà de la mer. » Aussi D. Le Gallois en parle-t-il d'un ton un peu plus affirmatif que de celles de 418 et de 422. Malheureusement, vérification faite, il est sûr que D. Le Gallois s'est trompé. Entre l'expédition de Maxime et l'invasion saxonne, on ne trouve dans le texte de Gildas, aucune allusion à un passage quelconque des Bretons insulaires sur le continent.

Au contraire, dans l'histoire des incursions scoto-pictiques telle que la raconte Gildas, on trouve un texte célèbre, qui nous semble repousser implicitement, mais très-fortement, toutes ces conjectures d'émigrations. C'est la lettre des Bretons à Aétius. En 446, pressés plus que jamais par les Scots et les Pictes, les Bretons adressèrent à ce général, pour en obtenir du secours, une lettre où ils résumaient en ces deux lignes énergiques les angoisses de leur triste situation : « Les barbares nous repoussent vers la mer, *et la* » *mer nous repousse vers les barbares;* il ne nous reste que le choix » entre deux genres de mort, ou le fer ou les flots[1]. » Si une portion quelque peu notable de la nation avait dès-lors pris le parti de se soustraire aux barbares en passant en Gaule, les Bretons se fussent bien gardés de dire à Aétius que la mer les repoussait vers les barbares et ne leur offrait qu'une voie de plus vers la mort, car ce général n'eût pas manqué, avec raison, de leur répondre qu'elle leur offrait au contraire une précieuse voie de salut. C'est justement parce que les Bretons, malgré les ravages des Pictes, n'avaient pu encore se résigner à déserter leur patrie, que la mer les repoussait vers les barbares : autrement, ce mot eût été un non-sens, une contre-vérité.

Loin donc de prêter appui aux conjectures formulées par D. Le Gallois, le texte de Gildas en montre le mal fondé.

N'eussent-elles pas ce texte contre elles, nous ne les admettrions pas encore. Si habilement qu'on les fasse, des conjectures sont, en bonne critique, un fondement trop incertain, trop fragile, pour y

---

[1] *Aetio ter consuli gemitus Britonum :* Repellunt nos barbari ad mare, *repellit mare ad barbaros;* inter hæc oriuntur duo genera funerum; aut jugulamur, aut morgimur » Gildas, *Historia,* § 20.

poser la première assise de l'histoire d'une nation. Une conjecture en vaut aisément une autre ; une fois lancé dans cette voie, où s'arrêter ? De quel droit repousser, dès-lors, les conjectures qu'on nous présentera en faveur de Conan Mériadec et du prétendu établissement de 383, — d'autant que celles-là, au lieu d'avoir Gildas contre elles, peuvent au contraire s'y appuyer de quelque façon ? Sur des faits secondaires, quand on ne peut mieux, qu'on supplée à la certitude par une conjecture prudente, soit. Mais pour établir des faits de premier ordre et des dates fondamentales, il faut plus, il faut des textes certains et des témoignages irrécusables.

En plaçant de 455 à 460 le commencement de nos émigrations bretonnes, nous avons tout cela.

Car, d'une part, Gildas, sitôt après avoir retracé les débuts et les désastres de l'invasion saxonne, nous dit que, pour y échapper, une partie des Bretons insulaires passaient sur le continent [1], et, selon la *Chronique saxonne*, c'est en 455 que les Anglo-Saxons livrèrent aux Bretons leur première bataille. D'autre part le concile de Tours de 461, où figure un évêque des Bretons, nous montre qu'il y avait dès-lors en Armorique un groupe d'émigrés assez nombreux pour avoir ses évêques particuliers. — Ainsi en mettant le début de la colonisation bretonne dans notre péninsule non en 465 (car je n'ai jamais adopté cette date), mais de 455 à 460, on est sur un terrain sûr, au lieu qu'en le faisant remonter trente ans plus haut, et en lui donnant pour cause les incursions pictiques, comme le veut aujourd'hui M. de Courson à la suite de D. Le Gallois, on n'a pour appui que des conjectures ni solides, ni nécessaires, ni utiles.

Ceci soit dit sans manquer de respect à la science bénédictine. Personne n'admire plus que moi la critique et les travaux de D. Le Gallois, de D. Lobineau et de leurs collaborateurs [2] ; personne n'a

---

[1] « Alii transmarinas petebant regiones cum ululatu magno, ceu celeusmatis vice, hoc modo sub velorum sinibus cantantes : « Dedisti nos tanquam oves escarum et in » gentibus dispersisti nos. » — Gildas, *Historia*, § 25.

[2] C'est-à-dire, dom Audren de Kerdrel, dom Brient et dom Rougier ; car dom Morice,

plus contribué à remettre leurs opinions en bonneur. Mais si
j'adopte leurs principes et tous les traits généraux de leur théorie
historique, je crois aussi qu'il est permis de les contrôler et de les
rectifier sur plus d'un point. Je crois même, agissant ainsi, les
respecter mieux qu'en suivant servilement sans examen toutes leurs
opinions.

Et d'ailleurs, il faut s'entendre. D. Le Gallois me semble loin
d'avoir attaché autant d'importance que M. de Courson aux émigrations conjecturales antérieures à l'invasion saxonne. Car, ayant
dit ce qu'il en pense, le prudent bénédictin ajoute aussitôt :
« Toutefois, puisque ces premières bandes ne firent pas d'Etat
» différent et *qu'elles se confondirent avec les Armoricains, on ne*
» *doit y avoir aucun égard* et ne considérer la transmigration des
» Bretons que lorsqu'ils vinrent deçà la mer en si grand nombre
» qu'ils y formèrent une république à part, composée de plusieurs
» états, séparés et indépendants des Gaulois. *Ce fut indubitable-*
» *ment vers l'an 456 que cet événement arriva*, et il n'y a guère de
» vérité historique plus certaine que cet établissement de la
» nation bretonne dans l'Armorique[1]. »

Et plus bas : « Gildas le Sage dit expressément, après une
» triste mais fidèle peinture du pitoyable état où la Bretagne
» insulaire fut réduite par l'ingrate et perfide cruauté des Saxons,
» qu'une partie de la nation prit alors la fuite et alla s'établir au-
» delà de la mer...... Or il n'y a pas d'autre pays deçà la mer
» où l'on puisse dire que le fort de la nation se soit établi que
» l'Armorique occidentale. L'établissement des Bretons s'est donc
» fait dans l'Armorique à cette occasion, car on ne peut dire qu'il
» ait commencé plus tard, et *l'on ne peut aucunement prouver*
» *qu'il se soit fait plus tôt[2]*. »

Enfin il conclut : « Ce doit être désormais un point fixe dans

très-inférieur à ces cinq bénédictins, ne fut jamais leur collaborateur ; il profita seulement
de leurs travaux, et quelquefois assez mal.

1 *Cartul. de Redon*, p. cccxliv, et Collection manuscrite des *Blancs-Manteaux*,
vol. xliv, p. 191.

2 *Blancs-Manteaux*, xliv, p. 193.

» l'histoire de Bretagne, que les Bretons *ne vinrent deçà la mer*
» en état d'y faire un corps de république et d'y être considérés
» comme une nation distincte *que vers 456* [1]. »

Dom Le Gallois ne considérait donc les émigrations conjecturales
antérieures à l'invasion saxonne que comme un fait très-minime et
d'un caractère purement privé. A chaque fois c'étaient quelques
familles, dix, vingt, trente au plus, qui s'expatriaient, comme de
nos jours, après les révolutions et les troubles civils, on voit un
certain nombre de particuliers compromis ou effrayés passer la
frontière. Aussi D. Le Gallois est conséquent; n'attribuant à ces
émigrations qu'un caractère tout individuel, il avoue que l'histoire
ne doit y avoir aucun égard. C'est pour cela que nous n'en avons
tenu ni n'en tiendrons compte, nous conformant mieux par là aux
intentions de dom Le Gallois que si nous essayions d'ériger ces
simples conjectures en théorie historique.

II.

Après avoir cité l'extrait de D. Le Gallois auquel nous venons de
répondre, M. de Courson ajoute :

« Ce passage de dom Le Gallois nous paraît remarquable. Il en
» ressort (*et c'était là notre thèse contre M. Varin, il y a quelque*
» *vingt ans*), il en ressort qu'avant l'époque où les Saxons eurent
» forcé une grande partie des populations de l'île de Bretagne à
» chercher un refuge sur le continent, d'autres Bretons, vaincus
» par les Pictes et par les Scots, avaient été contraints, eux aussi,
» [vers 418, 424, 431] de passer dans l'Armorique [2]. »

En 1840, le savant doyen de la Faculté des lettres de Rennes,
M. Varin, publia en tête de la nouvelle édition du *Dictionnaire de
Bretagne* d'Ogée, un *Examen de l'opinion de Gallet relative à la
colonisation de l'Armorique par les Bretons.* L'abbé Gallet, qui

<hr>

[1] *Blancs-Manteaux,* XLIV, p. 194.
[2] *Cartul. de Rédon,* p. cccxliv.

écrivait dans le premier quart du XVIIIᵉ siècle, avait entrepris, dans de longues dissertations publiées par dom Morice, de soutenir Conan Mériadec et l'établissement de 383 comme faits authentiques, appuyés sur des documents écrits d'une autorité certaine, et les documents qu'il invoquait étaient, outre Geoffroi de Monmouth, le panégyrique de Théodose par Pacatus, le Code théodosien, diverses vies de saint Patrice, Nennius, Henri de Huntingdon, Guillaume de Malmesbury, Giraud de Barry, etc. M. Varin démontra, de la manière la plus solide, que tous les monuments écrits dont s'appuyait Gallet ou ne disent nullement ce que Gallet leur fait dire, ou sont dénués de toute autorité sérieuse en ce qui touche le fait contesté.

Mais M. Varin alla trop loin. Non content de rejeter l'établissement des Bretons de Maxime en Armorique, il voulut prouver que Maxime, passant sur le continent, n'avait emmené avec lui qu'un petit nombre de Bretons, perdu dans le reste de son armée, et dont il n'y avait pas lieu de tenir compte. Cette prétention excessive avait contre elle un texte de Gildas, constamment entendu jusque-là dans un sens fort opposé, — texte d'ailleurs d'où ne résulte nullement le prétendu établissement de 383. M. Varin donna de ce texte une explication nouvelle, conforme à sa doctrine, c'est-à-dire paradoxale, mais habile, ingénieuse et séduisante.

En 1841, M. de Courson répondit à M. Varin dans une brochure intitulée : *Quelques mots en réponse à la dissertation de M. Varin,* et que nous avons sous les yeux. Il réfuta victorieusement, on peut le dire, l'interprétation nouvelle donnée par M. Varin du texte de Gildas. Mais il n'entreprit même pas de défendre l'autorité des monuments écrits invoqués par Gallet à l'appui de Conan; — et pourtant il n'abandonna point le prétendu établissement de 383. A cet égard nous le laisserons parler lui-même. Après avoir rétabli le vrai sens de Gildas, voici comment il s'exprime :

« Maintenant est-ce à dire qu'il faille admettre comme certaines
» toutes les circonstances que les légendaires nous rapportent sur
» la colonisation de l'Armorique ? Non assurément. Ainsi, nous
» nous garderons de croire, d'après les légendes, que Maxime

» aborda avec son armée sur les bords de la Rance, lorsque Zozime
» nous dit formellement que ce prince prit terre à l'embouchure
» du Rhin. Mais nous pensons, avec l'illustre saint Martin, *qu'il*
» *est impossible d'admettre que tous ces témoignages soient controu-*
» *vés*[1]. Que si l'on nous objecte qu'il n'existe aucune preuve
» *écrite et contemporaine* qui atteste clairement que les Bretons se
» soient établis dans la péninsule armoricaine avant la grande
» émigration du cinquième siècle, nous répondrons qu'*il n'est pas*
» *permis de rejeter les traditions d'un peuple, tant qu'une preuve*
» *directe et certaine ne démontre pas qu'elles sont erronées*[2]. »
Un peu plus loin, M. de Courson est plus explicite :
« Maintenant (dit-il) nous arrivons à Conan Mériadec et à ses
» compagnons. Faut-il, avec dom Lobineau, rejeter l'existence du
» premier chef des Bretons, ou l'admettre avec Gallet, comme fit
» plus tard le savant Bénédictin lui-même[3]? Nous aurons occasion
» de traiter ailleurs cette question[4]. Nous nous bornerons aujour-
» d'hui à transcrire ici l'opinion de l'homme de génie que nous
» avons déjà eu occasion de citer. M. de Saint-Martin avait fait une
» étude approfondie de la langue et des traditions bretonnes; sa
» science en histoire était incomparable. Si donc quelqu'un pouvait
» éclaircir complétement les origines de l'histoire des deux Bre-
» tagnes, ce serait assurément cet homme illustre.

» On peut voir dans le premier volume de l'Histoire de Bretagne
» par D. Morice (dit M. de Saint-Martin) toutes les raisons qu'il y a
» de regarder Conan comme le premier roi des Bretons dans la

1 Ici M. de Courson cite une longue note de M. de Saint-Martin, relative à l'établissement des Bretons en Armorique, note qui se trouve aux pp. 239-242 du t. IV de
l'*Histoire du Bas-Empire de Lebeau*, édition de Saint-Martin.

2 M. de Courson, *Quelques mots à M. Varin*, p. 21-24. Les italiques sont de M. de
Courson.

3 Il y a ici certainement quelque malentendu; car nous ne connaissons rien d'où on
puisse induire que Lobineau ait jamais admis Conan Mériadec; le contraire résulte assez
clairement, ce semble, de ses *Vies des saints de Bretagne*, publiées peu de temps avant
sa mort.

4 Histoire des peuples de race bretonne dans les deux Bretagnes (*note de M. de
Courson*). Cet ouvrage a paru en 1846; nous verrons plus bas ce qu'il contient sur
cette question.

» Gaule. Sans admettre tous les raisonnements de cet écrivain, je
» crois qu'il en dit assez cependant *pour établir la certitude de*
» *l'existence de ce prince.* Il paraîtrait que Conan tirait son
» origine d'un chef breton de la Bretagne septentrionale, des bords
» de la Clyde, *Britannia Alcluidensis,* et qu'il mourut vers
» l'an 421 [1]. »

Voilà donc ce que M. de Courson admettait, en 1841, avec M. de
Saint-Martin. En effet, deux pages plus loin, dans la même brochure, parlant pour son propre compte, il dit :

« Avec Maxime, nous voyons les Bretons franchir les Alpes.
» *Leur Conan, avant le départ du tyran, avait sans doute obtenu de*
» *sa munificence toutes les terres qui s'étendent des rives de la Loire*
» *aux rochers de Pen-tir,* » c'est-à-dire, comme M. de Courson l'ex-
plique en note, « jusqu'aux rochers du Finistère, le long du littoral
» de Crozon [2]. »

Dans une lettre du 8 décembre 1842, où il résume sa polémique
contre M. Varin, M. de Courson dit encore :

« J'ai dit et je répète que toutes les traditions bretonnes, dans
» l'île et sur le continent, faisant mention de l'établissement d'une
» colonie d'insulaires dans l'Armorique *vers la fin du IVe siècle,*
» on ne saurait rejeter ces traditions sans apporter la preuve directe
» et certaine qu'elles sont erronées. Or, M. Varin a-t-il prouvé que
» ces traditions sont fausses ? Pas le moins du monde. » Aussi
conclut-il en note : « J'admets *comme constant,* avec M. de Saint-
» Martin, ce que les auteurs rapportent sur les établissements faits
» dans la Gaule au IVe siècle par les Bretons insulaires. Voyez dans
» Lebeau éd. Saint-Martin la note 1, t. IV, p. 242 [3]. »

Donc la thèse de M. de Courson contre M. Varin n'était point de
faire remonter les premières émigrations bretonnes aux ravages des
Pictes vers 418, 424, 431, mais bien de soutenir la réalité de l'éta-

1 Lebeau, *Histoire du Bas-Empire,* édition Saint-Martin, t. IV, p. 242. — M. de
Courson. *Quelques mots,* p. 43-44.

2 M. de Courson. *Quelques mots à M. Varin,* p. 46.

3 Cette lettre du 8 décembre 1842 est imprimée dans la nouvelle édition du *Dictionnaire d'Ogée,* t. 1er, première pagination, p. 262. — Voir aussi *Quelques mots à M. Varin,*
p. 25, à la note.

blissement des Bretons de Maxime dans notre péninsule en 383, et la certitude de l'existence de Conan Mériadec comme premier roi des Bretons armoricains.

Tout au contraire, c'est M. Varin qui professait à cette époque l'opinion de D. Le Gallois, qu'embrasse aujourd'hui M. de Courson. Car en résumant sa thèse, le savant doyen dit : « Notre opinion est » celle de dom Lobineau. Nous croyons que la colonisation de » l'Armorique s'est effectuée successivement, par suite d'émigra- » tions qu'amenèrent, *d'abord peut-être les ravages des Pictes*, » et certainement ensuite l'invasion saxonne[1]. » Mais, on le voit, M. Varin y mettait une grande modération.

En 1846 parut l'*Histoire des peuples bretons*, déjà annoncée dans les *Quelques mots à M. Varin*. M. de Courson n'y traite point *in extenso* la question de l'établissement des Bretons en Armorique. Il se borne à résumer, sans la modifier, sa thèse de 1841. Ainsi, après avoir présenté, non comme certaine mais seulement comme vraisemblable, une prétendue première colonie qui, selon Guillaume de Malmesbury (auteur du XII° siècle) eût été amenée en Armorique par Constantin le Grand, M. de Courson dit : « Quoi qu'il en soit, » *un fait paraît certain :* c'est que, dans les dernières années du » IV° siècle, le tyran Maxime abandonna une partie du territoire » de l'Armorique aux insulaires qui avaient combattu pour sa cause, » et que ceux-ci ne revinrent jamais dans leur pays[2]. »

En 1846, comme en 1841, M. de Courson tenait donc toujours pour certain le prétendu établissement de 383. Depuis lors il n'a, à ma connaissance, rien écrit sur ce sujet.

III.

Aujourd'hui M. de Courson a bien changé. Dans ses Prolégomènes il écrit :

« M. de la Borderie a réfuté pied à pied, dans plusieurs disser-

[1] *Dictionnaire de Bretagne*, nouvelle édition, t. I, première pagination, p. 160.
[2] M. de Courson, *Histoire des peuples bretons*, t. I, p. 210.

» tations, le *roman* de la fondation d'un royaume de la Petite-Bre-
» tagne dans l'Armorique en 383. Nous renvoyons le lecteur aux
» divers opuscules où notre savant ami s'est imposé la fastidieuse
» mission de compléter les arguments de Vignier, de dom Lobi-
» neau [1] et de M. Varin, pour faire rejeter le *fabuleux* Conan Mé-
» riadec. Nous nous bornerons à résumer brièvement ici les *preuves*
» *accumulées* par dom Le Gallois pour établir *l'impossibilité abso-*
» *lue* d'un royaume de la Petite-Bretagne en 383. » Et après avoir
cité un extrait fort court et nécessairement fort incomplet de
l'ample dissertation de D. Le Gallois sur ce sujet [2], M. de Courson
conclut : « Les *interminables dissertations* de l'abbé Gallet et même
» le récent mémoire de M. G. Le Jean ne sauraient donc prévaloir
» contre les *invincibles arguments* de dom Le Gallois, et M. de la
» Borderie me paraît *avoir tenu trop peu de compte* des savantes
» dissertations du docte bénédictin et de ses successeurs [3] en faisant
» à M. Le Jean l'honneur de le combattre [4]. »

Que ma polémique contre Conan Mériadec soit *fastidieuse*, j'y
consens ; mais que, même après D. Le Gallois, même contre M. Le
Jean, elle ait été superflue, cette insinuation, je l'avoue, — si polie
qu'en soit la forme, — a de quoi m'étonner, surtout venant de
M. de Courson.

Il me semblait, en effet, que M. de Courson avait quelque peu
contribué à rendre cette polémique nécessaire, et encore que si
quelqu'un pouvait être taxé d'*avoir tenu trop peu de compte* des
savantes dissertations de D. Le Gallois, ce reproche devrait atteindre
M. de Courson avant moi.

Quand, en 1840, M. Varin attaqua le système de l'abbé Gallet,
c'est-à-dire la royauté de Conan Mériadec et ce prétendu établissement de 383, ce système erroné régnait depuis un siècle sans la

---

1 Lobineau n'a nulle part discuté l'établissement des Bretons de Maxime ; il s'est borné
à adopter, sans nulle argumentation, les résultats de la discussion de D. Le Gallois.

2 J'avais déjà publié moi-même une partie de ces fragments, il y a trois ans. Voir
Revue de Bretagne et de Vendée, t. VIII, p. 437-438.

3 Le seul successeur qu'ait eu D. Le Gallois dans sa polémique contre l'établissement
de 383, c'est M. Varin, qui fut combattu, comme on l'a vu, par M. de Courson.

4 *Cartul. de Redon*, p. CCCXLVI et CCCXLVII.

moindre tentative d'opposition. Les dissertations de D. Le Gallois, restées inédites, par conséquent ignorées, n'avaient pu avoir aucun effet; celles de Gallet, au contraire, imprimées tout au long par D. Morice en 1750, et prises par lui pour base de son histoire, avaient plus solidement que jamais rétabli, dans l'opinion du public lettré et, pour bien dire, de tout le monde, le trône fabuleux de Conan. Le coup que lui porta M. Varin, quoique excessif en un point, fut rude et bien asséné. Si à ce moment M. de Courson, après avoir rétabli le vrai sens de Gildas, se fût uni à M. Varin pour proclamer, comme il le fait aujourd'hui, l'*impossibilité absolue* de l'établissement de 383 et la valeur des « invincibles arguments » de D. Le Gallois (que M. de Courson connaissait déjà, comme on le verra plus bas), je crois que Conan Mériadec eût été dès-lors irrévocablement détrôné.

Au lieu de cela, on sait ce qui advint. M. de Courson sacrifia les détails compromettants de la légende; mais, avec M. de Saint-Martin, il admit « *comme constant* ce que les auteurs rapportent » sur les établissements faits dans la Gaule au IV⁰ siècle par les » Bretons insulaires; » il admit « la *certitude* de l'existence de » Conan, comme premier roi des Bretons dans la Gaule [1]. » — Il n'essaya pas de défendre un à un les monuments écrits invoqués par Gallet, et dont M. Varin venait avec tant de force de réduire à néant l'autorité; mais il soutint que l'existence de Conan et de l'établissement de 383 était très-suffisamment fondée sur l'autorité de la certitude traditionnelle.

Il fit plus. Dans sa brochure de 1841, il donne les plus grands éloges à l'œuvre de Gallet; dès la première page on lit :

« C'est presque en vain que, pour découvrir les origines du » peuple breton, les savants des deux derniers siècles entassèrent » dissertations sur dissertations. Tous ces travaux n'avaient eu » d'autre résultat que de rendre la question plus obscure encore [2], » lorsqu'un pauvre prêtre de la banlieue de Paris (l'abbé Gallet, né

---

[1] Voir *Quelques mots à M. Varin*, pp. 25, 44 et 46.

[2] Notez que, parmi ces savants dont les travaux n'avaient fait qu'obscurcir la question des origines bretonnes, se trouve nécessairement dom Le Gallois.

BIBLIOTHÈQUE NATIONALE — DON

» à Lamballe, curé de Compans), entreprit de porter la lumière
» dans ce chaos d'opinions contradictoires. Il paraît que dom Lobi-
» neau et l'abbé de Vertot se plurent à rendre hommage à la *vaste
» érudition* et à *l'esprit de critique* du jeune ecclésiastique [1]. Dom
» Morice, qui vint après eux, a inséré, dans le premier volume de
» son *Histoire de Bretagne*, cette dissertation de l'abbé Gallet. La
» critique moderne aurait sans doute à relever dans cette notice
» *quelques assertions erronées, quelques erreurs* de chronologie et
» même de géographie : le passé s'agrandit sans cesse comme l'a-
» venir ; plus nous avançons, mieux nous le comprenons. Mais,
» pour être juste, il faut reconnaître, avec M. Daunou et M. de
» Saint-Martin, que le travail de l'abbé Gallet est *l'un des plus
» remarquables qui aient été écrits sur les origines d'un
» peuple* [2]. »

Un tel éloge n'était certainement pas fait pour décréditer les
« interminables dissertations » de Gallet. Mettons en regard ce que
M. de Courson disait alors de D. Le Gallois. Dans une note, à
la fin de cette même brochure, on lit :

« ... Cette manie de faire le procès aux anciennes principautés
» indépendantes ne date pas d'hier. Dom Gallois, que D. Lobineau
» a suivi dans la première partie de son *Histoire de Bretagne,* nous
» en fournit un curieux exemple. Le docte Bénédictin, dans son
» *Histoire manuscrite de Bretagne* (Biblioth. du Roi, *Blancs-
» Manteaux*, N° 44), s'efforçant de démontrer que les Francs
» étaient maîtres de la Gaule avant que les Bretons n'eussent tra-
» versé la mer, ne craint point d'appuyer son argumentation sur ce
» passage extrait du cartulaire de Redon, fol. 127 : « *Optimates
» loci contradicebant, dicentes quod nunquam talia audierunt, et
» quod nullus de semine eorum hæc audivit neque tempore Roma-
» norum seu Gallorum, neque in tempore Britannorum.* » —
» Le croirait-on ? Dom Gallois traduit le mot *Galli* par celui de

---

1 En ce qui touche Lobineau, le fait me semble plus que douteux; je ne vois absolument rien d'où on puisse induire que Lobineau ait eu connaissance des mémoires de
Gallet.

2 *Quelques mots à M. Varin*, p. 1, 2 et 3.

» Francs. — Le patriotisme breton a-t-il jamais entraîné Gallet
» dans des *erreurs aussi monstrueuses*[1] ? »

Ainsi, on le voit, dès cette époque (1841), M. de Courson connaissait le travail manuscrit de D. Le Gallois; mais loin de se
laisser toucher aux « invincibles arguments » dont on me reproche
aujourd'hui d'avoir tenu trop peu de compte, il ne trouvait à tirer
de D. Le Gallois d'autre enseignement que celui de ses erreurs. —
Notons d'ailleurs que le savant bénédictin a reproduit précisément,
dans sa réfutation de Conan Mériadec, ce texte et cette traduction si
fort blâmée par M. de Courson. Ce n'est pas un de ses plus *invincibles* arguments, — quoique, après tout, sa traduction de *Galli* en
ce lieu soit plutôt contestable que monstrueuse.

Quoi qu'il en soit, en 1846, dans son grand ouvrage sur l'*Histoire
des peuples bretons*, M. de Courson ne changea rien à sa thèse de
1841 sur l'établissement de 383, et même il la confirma par cette
déclaration catégorique, où il semble vouloir constater son avantage sur M. Varin :

« Il n'existe, nous devons le dire, aucun témoignage contempo-
» rain qui atteste clairement que ces premières transmigrations [2]
» aient eu lieu; mais elles sont relatées dans la plupart des auteurs
» du moyen-âge [3], et, pour infirmer tant d'assertions positives, il
» faudrait, suivant la règle de critique posée par Mabillon et par
» Fréret, fournir la preuve directe et certaine qu'elles sont fausses,
» *or c'est ce que nul n'a fait encore, et ce que nul ne pourra faire*,
» puisque les historiens contemporains gardent le silence sur ce
» point, comme sur beaucoup d'autres plus importants encore.[4] »

Les déclarations de M. de Courson en faveur de l'établissement de
383 l'emportèrent dans l'opinion des Bretons sur la brillante discussion de M. Varin, et, même aux yeux du public lettré, Conan garda
son trône. La difficulté toute naturelle de se séparer d'une idée

1 *Quelques mots à M. Varin*, p. 50-51.

2 Les prétendues émigrations du IV⁰ siècle, non-seulement sous Maxime mais sous
Constantin.

3 Oui, mais dans des auteurs postérieurs à l'événement de quatre, de cinq et de sept
siècles, et plus.

4 *Hist. des peuples Bretons*, t. II, p. 211.

longtemps régnante et flatteuse (en apparence) pour l'amour-propre national, l'autorité attachée dès-lors aux écrits de M. de Courson, et enfin la justesse incontestable du principe qu'il invoquait, je veux dire l'autorité de la tradition, rendaient ce résultat inévitable. Il est vrai que ce principe, certain en soi, était mal à propos appliqué au cas en litige ; mais il est tout aussi vrai que M. Varin ne s'était pas donné la peine de réfuter cette fausse application : renfermé dans la critique des monuments écrits en tant que monuments écrits, il ne semble même pas avoir songé à suivre son adversaire sur le terrain de la certitude traditionnelle, où, par une manœuvre habile, ce dernier avait transporté le combat. Ainsi tout naturellement, pour le public, l'avantage était resté à M. de Courson.

Pour ceux que les apparences n'abusaient pas et qui, venant au fond des choses, condamnaient la fable, il n'y avait qu'une chose à faire : reprendre la discussion, non au point où D. Le Gallois l'avait prise lui-même, mais à celui où l'avait menée M. de Courson. — Eût-il suffi, en effet, — comme le pense aujourd'hui ce dernier, — eût-il suffi d'éditer, pour toute réponse, les savantes dissertations du vieux bénédictin ? Mais M. de Courson les connaissait ; elles ne l'avaient point touché, on le sait ; et cela sans doute pour une bonne raison : c'est que, pas plus que M. Varin, elles ne répondent à l'argument tiré de la tradition.

Voici, en effet, la marche suivie par dom Le Gallois. Il s'attache exclusivement à la légende de Conan, telle que la raconte Geoffroi de Monmouth (XIIᵉ siècle). Il l'analyse d'abord en détail ; puis il en démontre la fausseté de deux manières, d'abord par l'absurdité de presque tous les détails pris en eux-mêmes ; ensuite par les contradictions qu'ils présentent avec les témoignages historiques certains du IVᵉ et du Vᵉ siècle. C'est là la première partie de sa dissertation : comment eût-elle pu toucher M. de Courson, qui sacrifiait volontiers tous les détails donnés par Geoffroi, pour ne retenir que le fait *nu* de l'existence de Conan et de l'établissement de 383?

Dans la seconde partie de sa réfutation, D. Le Gallois s'attache surtout à prouver deux points : 1º que Geoffroi de Monmouth est le plus ancien auteur qui ait fait mention de Conan et de l'établissement de 383 [1] ; 2° que Geoffroi est un *hâbleur* indigne de créance. Le dernier point est aisé à établir ; mais l'autre, qui cependant est véritablement le point central de toute la démonstration de D. Le Gallois, l'autre n'est plus soutenable aujourd'hui. Le *Brut er Brenined*, écrit en langue bretonne, dont on a plusieurs versions, et qui contient l'histoire de Conan, est certainement du X⁰ siècle ; et l'*Historia Britonum* attribuée à Nennius, où l'on trouve la plus aucienne mention de l'établissement des Bretons de Maxime en Armorique, a dû, selon les dernières recherches de la critique, être rédigée en 822 ou 823.

Ainsi la réfutation de D. Le Gallois, quoique fondée en bonne partie sur des arguments solides (dont je me suis servi, d'ailleurs, dès que je les ai connus [2], en les rapportant à leur auteur), quoique très-suffisante pour une époque où l'on ne connaissait que quelques phrases de Nennius et pas du tout le *Brut er Brenined*, cette réfutation, en 1846, aurait donné trop beau jeu aux partisans de Conan. En 1846, il fallait ni plus ni mieux, mais il fallait autre chose ; il fallait au moins donner à l'argumentation une forme toute différente. Partant de ce principe incontestable, « *qu'il n'est pas permis de rejeter les traditions d'un peuple tant qu'une preuve directe et certaine ne démontre pas qu'elles sont erronées,* » M. de Courson avait affirmé que, contre la tradition de l'établissement des Bretons de Maxime,

---

1 « On suppose toujours que Geoffroy de Monmouth a été le premier auteur du » roman de Conan ; car on n'est point assez dupe pour penser qu'il ait été sincère » lorsqu'il a protesté qu'il n'avoit presque fait que traduire, du breton en latin, un » vieux livre que lui avoit prêté Vaulier, archidiacre d'Oxford, qui l'avoit apporté de » la Petite-Bretagne en Angleterre. L'ordinaire des imposteurs est de feindre, avant » toutes choses, qu'ils ne sont point les inventeurs de ce qu'ils feignent, et il fallait » bien que Geoffroy se servît de cet artifice, à moins qu'il ne voulût d'abord se faire » passer pour un imposteur, » etc. — Un peu plus loin, parlant de la compilation mise sous le nom de Nennius, il dit : « Ce roman, sous quelque nom de Gildas ou de » Nennius qu'on l'allègue, est très-assurément postérieur à l'ouvrage de Geoffroy de » Monmouth. » — Enfin il conclut : « Ni le Gildas ni le Nennius supposés ne peuvent » autoriser par leur antiquité la fable de Conan, publiée par Geoffroy pour la première » fois, et il faut tellement faire fond sur ce fait qu'on peut et qu'on doit s'en faire *un* » *principe de critique,* pour rejeter après Geoffroy tous auteurs qui ont fait mention » de la fable de Conan, établi roi de l'Armorique par Maxime. » *Mémoires manuscrits de dom Le Gallois,* Blancs-Manteaux, XLIV, pp. 61, 63, 64.

2 Je n'ai connu qu'en 1850 le travail de D. Le Gallois.

nul n'avait encore fait une telle preuve et nul ne pourrait la faire.
Il fallait donc faire cette preuve prétendue impossible, et montrer
que l'autorité de la certitude traditionnelle était à tort invoquée par
M. de Courson en faveur de Conan.

C'est ce que j'essayai de faire, mais incidemment, dès le mois
d'octobre de cette même année 1846, au Congrès de l'Association
bretonne réuni à Saint-Brieuc. Les résistances que je rencontrai
dans un auditoire mieux éclairé et mieux préparé que tout autre à
de pareilles discussions, me montrèrent combien était forte encore
l'opinion que j'attaquais. Je revins à la charge, l'année suivante, au
Congrès breton de Quimper, armé d'un travail plus développé, qui
avec quelques modifications est devenu l'article *Conan Mériadec,*
imprimé en 1849 dans la *Biographie bretonne* de M. Levot [1].

M. de Courson ne répondit pas ; j'avais d'ailleurs évité de le mettre
en cause nominativement, me bornant à combattre sa thèse. Mais
cette thèse fut défendue contre moi, à deux reprises, par M. G.
Le Jean, d'abord et dès 1850 dans son livre *La Bretagne, son histoire et ses historiens,* puis dans un travail spécial plus développé,
intitulé : *La légende et l'histoire, Conan Mériadec,* publié en 1855
par la *Revue des provinces de l'Ouest,* qui paraissait à Nantes. M. Le
Jean se tenait exactement sur le terrain ouvert par M. de Courson,
c'est-à-dire qu'il abandonnait sans peine tous les détails légendaires,
mais maintenait le fait principal, en l'appuyant sur l'autorité de la
certitude traditionnelle ; et il combattait l'une après l'autre les
raisons par lesquelles j'avais moi-même prétendu combattre la certitude de la tradition relative à l'établissement de 383.

Suffisait-il donc, pour lui répondre, de faire imprimer la dissertation de D. Le Gallois? Non certes, car — le reste à part — M. Le
Jean, qui pour défendre sa tradition insistait tout spécialement sur
l'antiquité du témoignage de Nennius, se fût donné un triomphe des
plus faciles en relevant sur ce sujet l'erreur du bénédictin. Fallait-il
ne pas répondre du tout? Mais pourquoi? M. Le Jean ne faisait en
définitive que reprendre, développer et fortifier autant qu'il était en

1 Mais il est bon d'avertir que cet article, dont je ne pus revoir les épreuves, est criblé
de fautes d'impression, qui parfois même dénaturent le sens.

lui la thèse posée en 1841 et 1846 par M. de Courson. Sa discussion
était bien suivie, sa forme agréable, et ses arguments spécieux
sinon solides. Je les savais même en train de ramener à Conan
quelques bons esprits. En pareil cas, déserter une discussion que
l'on a soi-même provoquée, n'est-ce pas implicitement s'avouer
vaincu et, par là même, compromettre la vérité qu'on défend ?

Je répondis donc à M. Le Jean. A son livre de 1850 je répondis
par une communication faite au Congrès breton de Nantes en 1851 ;
à son article de 1855, par un travail destiné au *Bulletin de l'Association bretonne*, et qui, par suite de la suppression de cette société,
ne parut qu'en 1860 dans la *Revue de Bretagne et de Vendée* [1].

Enfin, la première partie de mon *Précis des origines de l'histoire
de Bretagne*, publiée dans l'*Annuaire historique de Bretagne* de
1861, contient un résumé de toute cette discussion [2].

Au bout de cette polémique qu'est-il arrivé ?

Il est arrivé que personne n'ose plus aujourd'hui soutenir sérieusement ni ce Conan Mériadec ni cet établissement de 383, que personne ne contestait en 1846.

Il est arrivé que M. de Courson, qui, en 1841 et 1846, tenait
pour constants et « les établissements faits dans la Gaule au
IVe siècle par les Bretons insulaires » et l'existence de Conan comme
premier roi de ces Bretons, traite aujourd'hui ce même prince de
héros de *roman* et son prétendu royaume de chimère *absolument
impossible*.

Il est arrivé encore que le même savant, qui en 1841 louait les
dissertations de l'abbé Gallet comme « l'un des plus remarquables
travaux qui aient été écrits sur les origines d'un peuple, » et qui
ne parlait de D. Le Gallois que pour signaler ses « monstrueuses
erreurs, » sacrifie aujourd'hui sans hésiter « les interminables dis-

---

1 Première série, t. VIII, pp. 417-448.

2 Voyez l'Annuaire, pp. 9 à 16 et 75 à 86 ; voyez aussi, dans le *Bulletin et mémoires
de la Société archéologique du département d'Ille-et-Vilaine*, année 1862 (pp. 284
à 295), l'article intitulé *Observations sur l'état des forces romaines dans la péninsule armoricaine d'après la Notice des dignités de l'Empire*, où je réponds
à une critique relative à un point de cette polémique.

sertations » de l'abbé Gallet aux « savantes dissertations » et aux « invincibles argumens » de D. Le Gallois.

Si je suis pour quelque chose dans ces changements, ma campagne contre Conan n'a pas été inutile.

Si, au contraire, c'est D. Le Gallois qui a tout fait, que n'opérait-il donc cette conversion dès 1841 ! Il m'eût épargné bien de l'encre et bien du papier, perdus contre ce malheureux Conan.

Nota. — M. de Courson m'adresse encore plusieurs autres critiques dont quelques-unes méritent d'être relevées. — 1o Il fait une note tout exprès dans ses *Éclaircissements* (Cartul. de Redon, p. CCCLXXII), pour s'unir contre moi à M. E. Morin, qui avait critiqué l'appréciation donnée par moi des forces romaines existant dans notre péninsule, au commencement du Ve siècle, d'après la *Notice des dignités de l'Empire*. J'ai déjà répondu à M. Morin, par conséquent à M. de Courson, dans le *Bulletin de la Société archéologique d'Ille-et-Vilaine*, an 1862, pp. 284 à 295. — 2o Selon M. de Courson je me serais trompé en regardant comme probable que les Bretons restèrent maîtres de la ville de Vannes depuis la fin du VIe siècle jusqu'au milieu du VIIIe (Cartul. de Redon, p. XX). J'ai répondu par avance aux arguments invoqués contre mon opinion ; voir *Annuaire historique de Bretagne* de 1862, pp. 213-215. — 3o M. de Courson fait une note, à la p. LXXX de ses Prolégomènes, qui a pour tout objet de prouver que je me suis encore trompé en avançant que le nom d'*Armorique* cesse de paraître dans l'histoire après Fortunat et le concile de Tours de 567 ; il cite la Vie de S. Éloi, écrite par S. Ouën au VIIe siècle, qui met encore la ville de Limoges dans l'Armorique. Mais M. de Courson n'a pas pris garde que je parle uniquement du nom d'Armorique *appliqué au Nord-Ouest de la Gaule*, région où on ne peut apparemment comprendre Limoges ; voir *Annuaire historique de Bretagne*, an. 1861, pp. 109-110.

Nantes, imp. Vincent Forest et Émile Grimaud, pl. du Commerce, 1.

APPENDICE.

L'article précédent ayant été publié, à Nantes, dans la livraison d'août 1863 de la *Revue de Bretagne et de Vendée* (2ᵉ série, t. IV, p. 125-126), M. de Courson, y répondit, au mois d'octobre suivant, dans la même Revue (*ibid.*, p. 249-265), par une lettre, dont le dernier paragraphe est ainsi conçu :

M. de la Borderie a cru devoir faire remarquer, en ce qui touche les origines bretonnes, que j'ai plus d'une fois reproduit dans mes *Prolégomènes* les mêmes thèses, les mêmes textes et les mêmes arguments que lui. Le fait est vrai, dans une mesure que nous tenons nous-même à indiquer.

Dans la partie de nos Prolégomènes relative aux origines bretonnes, aux antiquités gallo-romaines, à la géographie politique et ecclésiastique de notre péninsule, nous n'avons eu d'autre but, — à quelques exceptions près, — que de résumer les recherches et les travaux qui se sont produits en Bretagne, et surtout dans les congrès et dans les publications de l'Association bretonne, depuis 1846. Il est donc tout naturel que nous nous soyons souvent rencontré avec M. de la Borderie. Toutefois, il faut bien noter que, sur nos origines bretonnes proprement dites, toutes les thèses principales, *que M. de la Borderie et moi tenons pour véritables,* avaient été exposées et développées dès la fin du XVIIᵉ et le commencement du XVIIIᵉ siècle, dans les ouvrages manuscrits ou imprimés de dom Lobineau et de dom Le Gallois. C'est donc à ces savants moines que nous avons emprunté les thèses elles-mêmes [1].

Mais tout en exposant ces thèses, nos doctes Bénédictins ne les avaient pas toujours démontrées d'une manière complète, et, d'ailleurs, après les systèmes contraires mis en avant, soit par l'abbé Gallet, soit, de nos jours, par M. Bizeul, les anciens arguments étaient devenus insuffisants. M. de la Borderie a donc repris la démonstration de ces thèses, au point de vue des exigences de la critique et de la controverse actuelle, et il s'est efforcé de les asseoir d'une façon inattaquable sur des textes et des arguments, nouveaux pour la plupart, et dont plus d'une fois nous avons cru pouvoir faire usage, puisque, après tout, et sur les points principaux, nous soutenons l'un et l'autre la même doctrine. Cela posé, nous nous

---

1 On pourra s'en convaincre quand nous aurons publié les mémoires de dom Le Gallois.

plaisons à reconnaître que c'est M. de la Borderie qui a eu le premier l'idée d'employer, dans la discussion de nos origines, le texte si décisif de Procope (Guerre des Goths, l. IV, ch. 20.), qui atteste tout à la fois la dépopulation de notre péninsule et l'importance numérique des immigrations venues de l'île de Bretagne, et permet de faire bonne justice du système ultra-romain de M. Bizeul. Ajoutons que c'est encore M. de la Borderie qui a nettement fixé les limites des petits royaumes ou comtés bretons du VI° siècle (Cornouaille, Domnonée, Léon, Browerech, etc), à l'aide de textes ou inédits ou nouvellement employés dans ces questions [1], et que c'est là une nouvelle réfutation du système de monarchie bretonne unitaire, issu des rêveries de Geoffroy de Montmouth et restauré ensuite par Gallet avec tout l'appareil d'une discussion scientifique. M. de la Borderie a aussi publié, le premier, et appliqué à la question de l'origine des diocèses domnonéens (Dol, Saint-Brieuc, Tréguer et Aleth), un texte important relatif à la juridiction épiscopale de saint Samson, et qui, comme nous l'avons dit dans nos Prolégomènes (p. cciii), « donne la clef de toutes » les difficultés qu'on s'est plu à entasser au sujet de la métropole » de Dol. »

Nous avons encore au même auteur plusieurs obligations analogues [2], auxquelles nous ne prétendons assurément pas nous soustraire; mais, tout en les reconnaissant volontiers, il nous sera sans doute permis de faire observer que la partie de nos Prolégomènes à laquelle peuvent s'appliquer les remarques précédentes, est loin de former, — par son étendue ou autrement, — la portion la plus considérable de notre travail.

Cette lettre de M. de Courson donna lieu aux observations suivantes de M. de la Borderie.

[1] Parmi les textes inédits citons, entre autres, ceux qu'il emprunte aux vies manuscrites de saint Guénolé, de saint Hervé, de saint Gunthiern, de saint Judicaël; voyez, d'ailleurs, *Bulletin archéologique de l'Association Bretonne*, t. III, 2° partie, pp. 85 à 107 et 160 à 177; et l'*Annuaire de Bretagne* de 1861, pp. 137 à 159.

[2] Ainsi, dans la *Défense d'un diplôme du roi Erispoë* publié en 1853 par le *Bulletin de l'Association Bretonne* (t. IV, 2° partie. pp. 161-172), M. de la Borderie avait prouvé, à l'aide des mêmes arguments employés par nous (*Prolégomènes*, pp. cclxiv-cclxvi), que les rois bretons du IX° siècle, au moins depuis Nominoë, usaient de sceaux, contrairement à l'opinion admise jusque-là, qui n'en faisait remonter l'usage en Bretagne qu'au duc Alain Fergent, c'est-à-dire, à la fin du XI° siècle. — M. de la Borderie a aussi retrouvé dans les débris des archives du chapitre de Nantes, et nous a ensuite communiqué, le curieux pouillé de ce diocèse, de 1287, publié par nous, pp. 507-516 de notre édition du *Cartulaire de Redon*. — Nous avons en outre mis à profit, du même auteur, diverses notices de géographie féodale, entre autres, sur le comté de Porhoët, le régaire de Tréguier, etc., toutes matières traitées, d'ailleurs, dans des opuscules imprimés, avec le nom de l'écrivain.

OBSERVATIONS

SUR UNE LETTRE DE M. DE COURSON.

I.

Notre premier soin doit être de remercier M. de Courson de la déclaration qui termine sa lettre. Je reconnais très-volontiers avec lui qu'il y a une portion considérable de ses *Prolégomènes* à laquelle cette déclaration ne saurait s'appliquer. Je reconnais aussi qu'il a raison de distinguer, en ce qui touche les origines bretonnes, les *thèses* et leur *démonstration*.

Nos premiers bén Jictins, Le Gallois et Lobineau, ont certainement indiqué et plus ou moins développé les principales thèses, c'est-à-dire les idées et les principes propres à servir de base à notre histoire du Ve au IXe siècle. Mais j'ai toujours cru et je crois encore qu'ils n'en ont point démontré la vérité d'une manière précise et scientifique. Les thèses opposées aux leurs n'ayant jamais avant eux reçu ce genre de démonstration, ils jugèrent qu'ils pouvaient eux-mêmes s'en dispenser, qu'il suffisait tout au plus d'indiquer çà et là, à l'appui de leurs dires, quelques preuves, et pas toujours les meilleures, qui cependant prêtaient à leurs théories une valeur bien supérieure à celle du système rejeté par eux.

Cela pouvait suffire alors ; mais aujourd'hui, — après l'abbé Gallet et après M. Bizeul, qui, à des points de vue divers, se son efforcés de combattre les thèses de Le Gallois et de Lobineau avec tout l'appareil de la science, — cela ne suffit plus. Aussi, depuis que j'étudie l'histoire de Bretagne, c'est-à-dire depuis 1846, ma principale ambition, en ce qui touche nos origines, a-t-elle été de remettre en honneur et d'assurer le triomphe définitif des thèses de dom Lobineau, d'une part, en les munissant d'une démonstration en forme, de l'autre, en les développant, les complétant et les rectifiant sur certains points. C'est l'ensemble de ces travaux que j'ai entrepris de recueillir et d'achever dans mon *Précis des Origines de l'histoire de Bretagne du Ve au IXe siècle*, dont les deux premières parties ont été publiées par l'*Annuaire historique de Bretagne* de 1861 et de 1862, et dont la dernière le sera l'an prochain. Si donc, dans mon article du mois d'août (ci-dessus, p. 5), j'ai appelé « *mes thèses* », les principales thèses concernant nos origines, ce n'est pas pour les avoir inaugurées, mais pour m'être efforcé de les fonder sur une base démonstrative qui leur manquait.

Toutefois, il faut le dire, je ne puis admettre, avec M. de Courson, « que D. Le Gallois a résolu *tous* les problèmes relatifs à l'histoire » de nos origines, et qu'après lui il est *absolument impossible* » d'inaugurer de nouvelles thèses » (*Revue de Bretagne et de Vendée*, 2e série, t. IV, pp. 249-250). Je crois que, en certains cas, tout en partant des principes posés par Lobineau et Le Gallois, il est possible ou d'aller plus loin qu'eux ou de les rectifier, par conséquent, d'arriver à quelques points de vue nouveaux. C'est ce que j'ai essayé de faire, par exemple, pour l'origine des diocèses domnonéens[1]. — Je crois surtout que, pour le détail des faits particuliers, des dates, de l'ordre et de la succession des petits princes bretons, il est non-seulement possible mais nécessaire de s'écarter souvent de D. Le Gallois. Quand M. de Courson aura publié les dissertations de ce savant moine, on verra qu'à cet égard j'ai plus d'une fois déjà prêché d'exemple, notamment en ce qui concerne les petites dynasties souveraines du Browerech, du Léon, de la Domnonée.

Aussi ne puis-je accepter comme exact ce que dit M. de Courson (*Revue de Bret.*, *ibid.*, p. 250), « que M. de la Borderie s'est borné à » répéter simplement les opinions des premiers bénédictins bretons. » M. de Courson s'autorise d'un passage de mon *Annuaire de Bretagne*

1 Voir *Annuaire histor. de Bret.* de 1862, p. 145-187. La théorie développée en ce lieu l'avait déjà été oralement en 1852, au Congrès breton de Saint-Brieuc; voir *Bulletin de l'Assoc. Bret.*, t. IV, 1re part. p. 159-161 ; et *Note sur les Origines du diocèse de Tréguier*, p. 4 à 10.

de 1861, où je dis : « Je n'ai pas la prétention d'inaugurer un nou-
» veau système ; je reviens simplement aux opinions des premiers
» Bénédictins bretons... Si j'abandonne D. Morice, c'est pour suivre
» D. Lobineau, D. Le Gallois.... Tout ce que je mettrai du mien
» sera de rapprocher et de présenter avec suite les traits dispersés
» dans leurs ouvrages manuscrits ou imprimés. » Mais j'ajoute im-
médiatement cette phrase, que M. de Courson n'a pas cru devoir
reproduire : « *J'y joindrai pourtant aussi quelques notions nou-*
» *velles*, aujourd'hui encore trop peu connues, quoique définitive-
» ment acquises à la science, grâce aux travaux consciencieux de
» l'Association bretonne [1]. » Comme c'est justement dans cette
Association que se sont d'abord produits la plupart de mes travaux,
il est clair que je ne les exceptais point du nombre de ceux qui ont
pu contribuer à ajouter quelques notions nouvelles aux données
déjà fournies par les Bénédictins.

Je ne veux pas insister sur ce point. Quand les Mémoires manuscrits de D. Le Gallois seront publiés, ou plus tôt si l'occasion s'en
présente, je me ferai un devoir d'indiquer avec précision ce que je
dois et ce que je ne dois pas, soit à lui, soit à son confrère et assidu
collaborateur, D. Lobineau. Aujourd'hui, je me bornerai à faire remarquer que la plupart de mes travaux sur les origines bretonnes étaient
composés avant que j'eusse ouvert le manuscrit de D. Le Gallois.
C'est au mois de mai 1850 que je mis pour la première fois les pieds
au département des manuscrits de la Bibliothèque Nationale (ainsi
l'appelait-on alors) ; et c'est un mois après environ que feu M.
Bizeul me fit connaître la vaste et si précieuse collection des Blancs-
Manteaux. Dans les deux mois (juin et juillet) qui précédèrent les
vacances, tout ce que je pus faire fut d'en prendre une connaissance
générale des plus sommaires, et de lire de D. Le Gallois sa dissertation contre Conan. Or, dès septembre 1848, j'avais lu au Congrès
breton de Lorient mon *Discours sur le rôle historique des Saints de
Bretagne*; en 1848 et 1849, j'avais adressé à l'honorable éditeur
de la *Biographie bretonne* mes articles *Conan, Conober, Domnonée*

<hr>

[1] *Annuaire historique de Bretagne de* 1861, p. 2.

(princes de la), Gradlon, Gurdestin; dès le commencement de 1850, j'avais écrit mon mémoire sur la *Géographie historique de la Bretagne avant le XI⁰ siècle*, qui fut présenté cette même année au Congrès de Morlaix. J'ai donc pu, dans ces travaux, me rencontrer avec D. Le Gallois, mais je n'ai pu répéter ses opinions, que je ne connaissais pas.

Par exemple, il n'est pas exact de dire, comme le fait M. de Courson (*R. de Bret., ibid.*, p. 258) que, « d'accord avec D. Le Gallois, » j'ai très-bien démontré que c'est Geoffroy de Monmouth qui a » *inventé* (au XII⁰ siècle) la prétendue tradition de l'établissement » d'un royaume indépendant dans la Petite-Bretagne, » — puisque tout au contraire, j'ai montré, dans mon article du mois d'août dernier (ci-dessus, p. 21), que le point faible de la dissertation de dom Le Gallois consiste précisément à attribuer à Geoffroy l'invention de cette fable, qu'on trouve formulée dès le IX⁰ siècle dans Nennius et déjà très-développée, au X⁰, dans le *Brut er Brenined* ou Légende des rois de Bretagne, écrite en breton.

II.

Ceci nous ramène naturellement à Conan Mériadec et au prétendu établissement des Bretons de Maxime dans l'Armorique, en 383. Que M. de Courson l'ait soutenu, en 1841, dans sa polémique contre M. Varin, c'est ce dont lui même convient sans difficulté. Mais il pense que je lui ai fait tort en lui attribuant la même opinion en 1846. Pour montrer quelle a été ma bonne foi, le mieux est de citer ici tout ce que je trouve dans l'*Histoire des peuples bretons* relativement aux diverses émigrations ou immigrations bretonnes en Armorique. Voici ce passage tout au long :

.« Tandis que ces événements (l'invasion d'Attila et la bataille de Châlons) se passaient dans les Gaules, la Grande-Bretagne était envahie de tous côtés. Trahis par les Saxons, dont ils avaient imploré l'assistance contre les Pictes et les Scots, les insulaires se virent réduits à chercher un asile, les uns dans les montagnes du Cornwall et de la Cambrie, et les autres au-delà des mers, chez les peuples de la pointe occidentale des Gaules. Gildas, le seul historien national qui fasse mention de cet établissement des Bretons insulaires au milieu des landes de la péninsule armoricaine, ne nous a laissé aucun détail sur la manière dont s'accomplit cette transmigration....

» Le Jérémie de la Bretagne, dans sa poétique lamentation *de Excidio Britanniæ*, ne fait guère mention que du douloureux exil de ses frères chassés de la terre natale par les Saxons. Mais d'autres émigrations avaient précédé celles du V⁰ et du VI⁰ siècle.

» Dès le règne de Constantin-le-Grand, suivant Guillaume de Malmesbury [1], une colonie d'insulaires se serait établie dans la péninsule armoricaine. (Suit la citation du texte de Malmesbury, puis M. de Courson reprend :)

» Cette assertion, puisée à une source inconnue, a été contestée. Mais on aurait dû se rappeler que l'armée, avec laquelle Constantin battit Maxence, était en grande partie composée de Bretons. Or, est-il si incroyable qu'après sa victoire, Constantin, prince né et élevé dans l'île de Bretagne, ait concédé des terres aux soldats qui l'avaient accompagné ?

» Quoi qu'il en soit, *un fait paraît certain* : c'est que vers les dernières années du IV⁰ siècle, le tyran Maxime abandonna *une partie du territoire de l'Armorique* aux insulaires qui avaient combattu pour sa cause et que ceux-ci ne revinrent jamais dans leur pays. Ce n'est pas tout.

» Peu d'années après cette colonisation, dit Guillaume de Malmes-
» bury, un certain Constantin (le tyran) entraîna sur ce continent
» le peu de soldats qui restaient dans l'île de Bretagne. Mais ces
» deux usurpateurs (Maxime et Constantin le tyran), jouets de la
» fortune, périrent de mort violente, l'un sous le règne de Théo-
» dose, l'autre par ordre d'Honorius. Des troupes qui les avaient

1 Auteur du XII⁰ siècle.

» suivis, une partie fut taillée en pièces, une partie prit la fuite et
» se réfugia auprès des Bretons continentaux. »

» Il n'existe, nous devons le dire, aucun témoignage contemporain qui atteste clairement que toutes ces premières transmigrations aient eu lieu ; mais elles sont relatées dans la plupart des auteurs du moyen-âge, et, pour infirmer tant d'assertions positives, il faudrait, suivant la règle de critique posée par Mabillon et par Fréret, fournir la preuve directe et certaine qu'elles sont fausses : or, *c'est ce que nul n'a fait encore et ce que nul ne pourra faire*, puisque les historiens contemporains gardent le silence sur ce point, comme sur beaucoup d'autres, bien plus importants encore.

» Ce dont l'on est bien certain par l'autorité de Sidoine Apolli-
» naire (dit un historien philologue, M. de Saint-Martin, qui fut le
» digne rival de notre Abel de Rémusat), c'est que les Bretons
» étaient déjà puissants, à la fin du Ve siècle, sur les bords de la
» Loire. Les auteurs ecclésiastiques et les légendaires qui écri-
» vaient avant le XIe siècle, fournissent sur ces émigrés des détails
» très-circonstanciés. Il est impossible de croire qu'ils sont tous
» controuvés : *je regarde donc comme constant ce que les auteurs*
» *rapportent des établissements faits dans la Gaule au IV° siècle*
» *par les Bretons insulaires.* » (Saint-Martin, notes à Lebeau, t. IV,
p. 239-240).

» *Nous partageons complétement cette opinion* (reprend M. de Courson) ; mais, avec M. de Saint-Martin, nous regrettons que D. Morice, entraîné par l'abbé Gallet, ait cru devoir faire aborder Maxime sur les bords de la Rance, lorsque Zozime, historien contemporain, dit formellement qu'il prit terre avec son armée à l'embouchure du Rhin, où existe encore un lieu fortifié qui porte le nom de Brittenbourg.

» Ici se présente une question grave :

» Les Bretons auxquels Maxime avait accordé des terres, soit en qualité d'hôtes de l'empire ou de *fœderati*, soit comme colons de terres létiques, ces Bretons s'étaient-ils fixés dans l'Armorique occidentale ou dans la partie du littoral gaulois compris dans la Belgique ? Il est très-probable que le mot *Armorique*, qui à la fin du

VI° siècle ne s'appliquait plus qu'au territoire très-circonscrit, habité par les Bretons continentaux [1], aura été pour les hagiographes une source d'erreurs. Toutefois, il ne faut pas oublier que le vénérable Bède [2] et Guillaume de Malmesbury disent nettement que les troupes bretonnes, qui en 410 passèrent dans les Gaules avec Constantin le tyran, se réfugièrent, après la mort de cet empereur, près de leurs compatriotes, placés aux extrémités de la Gaule. Or, n'étaient-ce pas des descendants de ces émigrés qui combattaient, en 470, dans le Berry, sous les ordres de leur roi Riothime? Mais n'anticipons pas sur les événements.

» Un peu plus d'un quart de siècle après la mort de Constantin le tyran, de nouveaux exilés bretons, fuyant devant l'épée des Saxons et devant la peste, vinrent encore demander un asile aux habitants de l'Armorique. Voici ce que nous lisons dans un fragment de la vie de saint Guénolé [3], etc. . . . »

Ici, je l'avoue, l'opinion de M. de Courson est moins nettement accentuée qu'en 1841, dans ses *Quelques mots à M. Varin*. Il ne nomme pas Conan; il se demande même si les Bretons de Maxime ont été établis en Belgique ou en Armorique ; et quoiqu'il penche très-clairement pour l'Armorique [4], cette question suffit à révéler une grande incertitude, non sur la réalité, mais sur le mode de l'établissement de 383. Si pourtant ni moi ni beaucoup d'autres lecteurs de

1 Cette proposition, de la manière dont on l'exprime ici, donnerait lieu à plus d'une difficulté Tout ce qu'il importe de remarquer, c'est que ni au IV° ni au V° siècle, la Belgique n'a jamais dû être comprise sous le nom d'Armorique, puisque le *Tractus Armoricanus*, la plus large circonscription à laquelle ce nom se trouve attaché, n'embrassait, dans sa plus grande étendue, que les deux Aquitaines et les trois dernières Lyonnaises. D'où suit que le tyran Maxime, abordant à l'embouchure du Rhin, n'aborda point comme on l'a dit quelquefois, sur le rivage du *Tractus Armoricanus*. (Note de M. de la Borderie.)

2 Il y a ici quelque malentendu, car Bède, à notre connaissance, ne dit rien de pareil. (Note de M. de la Borderie.)

3 M. de Courson, *Hist. des peuples bretons*. Paris, 1846, gr. in-8°, t. 1er, pp. 209, 210, 211, 212, 213.

4 Avec raison, selon moi ; car, dès qu'on admet, sur la foi de la tradition, un établissement en Gaule des Bretons de Maxime, on ne peut logiquement le mettre que là où le met la tradition invoquée, c'est-à-dire dans notre péninsule.

M. de Courson n'avions pas vu de différence sérieuse entre son
opinion de 1846 et celle de 1841, cela vient surtout de l'adhésion
si explicite, qu'il renouvelle ici même, aux idées de M. de Saint-
Martin ; or, incontestablement, Saint-Martin tenait pour certaine,
sous une forme ou sous une autre , l'existence de Conan et de son
royaume dans notre péninsule [1]. Aujourd'hui, M. de Courson veut
bien nous expliquer qu'en 1846 il n'admettait néanmoins ni l'un ni
l'autre, et qu'il avait radicalement modifié dès lors ses idées de
1841. Je n'entends ni contester ni discuter ses explications, c'est au
lecteur d'en juger; je crois seulement que si, avec beaucoup
d'autres, je me suis trompé sur ce point, assurément nous sommes
excusables.

III.

Maintenant faut-il dire franchement ce que je pense de ces essais
de réhabilitation des colonies bretonnes interlopes, prônées par
Nennius, Guillaume de Malmesbury, Geoffroi de Montmouth , et
autres de même temps et de même farine ? Je crois qu'il serait
digne d'un esprit vraiment sérieux et critique, comme M. de
Courson, de rejeter une bonne fois définitivement toutes ces
légendes apocryphes, venues on ne sait d'où, qui n'ont ni base
solide ni utilité, et ne valent certainement pas la peine qu'on se
donne en leur faveur. Car enfin, je le demande, — qu'il y eût des
Bretons dans les armées d'Albinus (fin du IIe siècle), de Constantin
le Grand et de Maxime le tyran; que Constance Chlore ait fait venir,
à la fin du IIIe siècle, des ouvriers de l'île de Bretagne pour
restaurer la cité d'Autun; qu'on trouve, dans les conciles d'Espagne,
trace d'une petite peuplade bretonne égarée en Galice, et, à

[1] Voir ci-dessus , pages 13-14; voir aussi M. de Courson , *Quelques mots à
M. Varin*, pp. 43, 44, 46; *Hist. des peuples bretons*, t. I, p. 212 ; et Lebeau, *Hist. du
Bas-Empire*, édit. Saint-Martin, t. IV, 242.

l'embouchure du Rhin, quelques vestiges d'une forteresse romaine appelée Brittenburg [1], — comment cela peut-il prouver que Constantin le Grand implanta une colonie de Bretons dans notre péninsule, que Maxime y en établit une seconde, et qu'entre ces deux les soldats vaincus de Constantin le Tyran interposèrent une troisième couche de Bretons? — Cela prouve du moins (dira-t-on) que ces colonies étaient *possibles.* — Qu'importe? il ne s'agit pas d'en prouver la *possibilité,* mais *l'existence.* Tant qu'on n'a prouvé que la possibilité on n'a rien fait; ou plutôt, on n'a fait qu'ouvrir la voie aux esprits faux, aux imaginations chimériques, aux faiseurs de systèmes, qui, transformant hardiment ces possibilités en certitudes, bâtissent intrépidement sur ce sable et finissent par encombrer de mille fantaisies bizarres, mais gênantes, les avenues de la vérité historique.

Voilà pourquoi, à mon sens, il est dangereux d'accepter ces données conjecturales ou plutôt purement hypothétiques, qui ne reposent sur rien de sérieux. Et voilà pourquoi encore (quoiqu'ici le danger soit moindre) je ne crois point devoir admettre, malgré l'autorité de D. Le Gallois, les petites émigrations causées, dit-on, par les incursions des Pictes, vers 418, 424, 431, qui seraient censées antérieures à la grande émigration séculaire, provoquée par l'invasion saxonne et dont le commencement se place vers 455.

M. de Courson, de son côté, persiste à défendre l'existence de ces petites émigrations. Il semble même croire qu'on peut invoquer à leur profit le fameux texte de Gildas : *Alii transmarinas petebant regiones;* mais c'est une idée inadmissible. Gildas en effet résume, dans les chapitres XII à XXII du *de Excidio,* toute l'histoire des incursions scoto-pictiques et en général de tous les événements advenus dans l'île entre le départ de Maxime (383) et l'appel des Saxons en Grande-Bretagne par le roi Vortigern (450). Là, pas un iota qui se puisse rapporter à aucune émigration. Dans le chapitre XXIII il raconte comment, d'alliés des Bretons, les

---

[1] M. de Courson tient pour « seule probable » l'hypothèse qui attribue aux Romains la fondation de Brittenburg (*Hist. des peuples bretons,* I, 212, note).

Saxons devinrent leurs plus terribles ennemis. Au chapitre xxiv, il fait un tableau navrant et énergique des horreurs de l'invasion saxonne; et au chapitre suivant, il peint ainsi les conséquences lamentables de ces horreurs : « C'est pourquoi (dit-il), parmi les
» infortunés Bretons épargnés d'abord par ce désastre, les uns
» surpris par les ennemis dans les montagnes y furent égorgés en
» masse; les autres, rongés de faim, vinrent d'eux-mêmes tendre
» les mains aux barbares. *D'autres se rendirent aux pays d'outre-*
» *mer avec de grands gémissements, et sous leurs voiles gonflées,*
» *en place de la chanson des rameurs, ils chantaient ce psaume :*
» « *Seigneur, vous nous avez livrés comme des agneaux à la*
» *boucherie, vous nous avez dispersés parmi les nations !* » D'autres
» enfin, retranchés derrière des cimes escarpées et des précipices
» affreux, toujours inquiets et tremblants au fond de leurs asiles,
» n'en persistaient pas moins à rester sur le sol de la patrie.[1] »

On le voit donc, ce témoignage se rapporte aux émigrations postérieures à l'invasion saxonne, et à celles-là seulement. Tous les auteurs l'ont toujours compris de la sorte, et au premier rang M. de Courson lui-même, tant dans son *Histoire des peuples bretons* (t. i[er], p. 172), que dans ses *Prolégomènes du Cartulaire de Redon* (p. viii).

Mais M. de Courson indique encore (*Revue de Bret., ibid.*, p. 261, à la note) un autre argument, qui mérite peut-être plus d'attention.

En 470, au rapport de l'historien Jornandès, Anthémius, empereur d'Occident, voyant le roi des Visigoths Euric menacer les provinces romaines de la Gaule, demanda des secours aux Bretons armoricains, et le roi breton Riothime, docile à cet appel, se rendit dans le pays de Bourges avec douze mille hommes. Des critiques trop scrupuleux ont cru devoir s'effaroucher du chiffre de cette armée : impossible, à les en croire, que l'émigration bretonne eût

---

[1] Gildas, *Historia*, § xxv; je cite d'après les éditions de Gale et de Petrie ; les chapitres de l'édition Stevenson diffèrent un peu. — Je ne reproduis point ici le texte *Alii transmarinas*, *etc.*, parce que je l'ai cité déjà dans mon article du mois d'août, ci-dessus, p. 9, note 1.

fourni un pareil nombre d'hommes si elle n'avait commencé qu'à la suite de l'invasion saxonne. M. de Courson, acceptant lui-même cette objection, suppose qu'on ne peut la résoudre qu'en admettant les émigrations soi-disant causées par les incursions scoto-pictiques de 418 et années suivantes.

Je réponds que ces prétendues émigrations, dans la mesure où les admet D. Le Gallois et, par conséquent, M. de Courson, sont impuissantes à résoudre la difficulté. D. Le Gallois ne dit-il pas en effet très-formellement que « ces premières bandes *se confondirent* » avec les Armoricains » et que « *l'on ne doit y avoir aucun égard* [1]. » Donc, en 470, les descendants de ces premières bandes, confondus avec les Armoricains et considérés comme tels, n'auraient pu être comptés parmi les Bretons de Riothime.

Mais la difficulté est-elle sérieuse ? existe-t-elle réellement ? Je n'en crois rien. En 470, il y avait déjà quinze ans que la conquête saxonne poussait sur notre rivage des flots d'émigrés bretons : sur quels renseignements et quelles lumières se fonde-t-on pour affirmer que ces flots accumulés ne suffisaient pas à produire une armée de 12,000 hommes, surtout dans une situation où tous les hommes sont soldats ? D'ailleurs, si l'on en trouve trop, est-il donc absolument nécessaire de supposer que tous les soldats de Riothime fussent bretons ? Le chef était breton sans doute, ainsi que la plus énergique portion de son armée ; mais les Bretons à cette époque étaient amis des Armoricains ; les Armoricains, comme les Bretons, étaient les alliés de l'empire. Quoi d'étrange, donc, si Riothime, pour mieux répondre à l'appel d'Anthème, eût grossi de recrues armoricaines ses troupes nationales, qui n'en étaient pas moins pour cela une armée *bretonne*, — absolument comme l'armée anglaise des Indes, où fourmillent, où même souvent dominent les Cipayes, n'en reste pas moins l'armée *anglaise* ? L'exemple est justement emprunté à M. de Courson, dans sa polémique contre M. Varin. Je ne dis pas que Riothime l'ait fait ; car cette explication ne me semble pas nécessaire. Mais elle

---

[1] Voir ci-dessus. p. 10 ; *Cartulaire de Redon*, p. cccxliv, et *Blancs-Manteaux*, xliv, p. 191.

suffit à montrer que la difficulté — si difficulté il y a, — tirée des 12.000 hommes de Riothime, peut se résoudre parfaitement sans recourir à l'hypothèse gratuite de petites émigrations antérieures à l'invasion saxonne.

Au bout de ces observations à peine est-il besoin de dire que je n'ai jamais entendu contester le mérite des recherches et des travaux de M. de Courson. Je leur ai donné plus d'une fois l'éloge qui leur est dû. Et quant aux *Prolégomènes* et à l'édition du *Cartulaire de Redon*, si j'ai un jour l'occasion d'apprécier cette importante publication dans son ensemble, j'espère encore être, Dieu merci, capable de faire à l'éloge une juste part, tout en réservant, là où il le faut, les justes droits de la critique.

BIBLIOTHÈQUE NATIONALE DON IMPRIMÉS

TABLE.

Nantes, imp. Vincent Forest et Émile Grimaud, pl. du Commerce, 1.

www.ingramcontent.com/pod-product-compliance
Ingram Content Group UK Ltd.
Pitfield, Milton Keynes, MK11 3LW, UK
UKHW020953220726
13924UKWH00002B/655

9 782019 624743